불교의식음악 악보 II
Score of Buddhist Ritual Music II

【 대령의식 】

부록 CD  영산재 대령의식 음반

불교의식음악 악보 II 【대령의식】

Score of Buddhist Ritual Music II

법현 法顯

운주사

범패 악보 일러두기 —— 7

영산재 대령의식 —— 11

───────────────────────────────

1. 거불 —— 16

2. 대령소 —— 18

3. 지옥게 —— 21

4. 착어 생본무생 —— 22

5. 진령게 —— 25

6. 보소청진언 —— 28

7. 고혼청 & 향연청 가영 —— 30

8. 금일영가 긔수건청 —— 32

9. 무용 나비춤 반주-도량게 작법(Ⅱ) —— 35

10. 법고춤 반주 —— 47

11. 내림게바라춤 반주 —— 53

12. 명바라 반주 —— 58

* "이 저서는 2007년 정부(교육인적자원부)의 재원으로 한국학술진흥재단의 지원을 받아 수행된 연구임."(KRF-2007-812-G00005)

범패 악보 일러두기

〈악보 기보에서의 참고사항〉

1. ♪ (태징에서) 뒤쪽을 막고 치는 기법.

2.   음표 1(소리에서) 음정이 불분명한 경우 기보법.

3.   음표 1(소리에서) 떠는 음.

4. 타악기가 두 가지 이상이 나올 경우, 태징은 위에 기보하고 북은 아래에 기보하였다.

〈독보시의 참고사항〉

기본적으로 우리의 음악을 서양의 어법(오선보)에 의해 채보를 하는 과정에서의 문제인데, 필자는 기존의 채보 방식과 상당히 다른 방식으로 접근하였으므로 필자의 관점이 다른 사람들의 관점과 상이할 가능성이 높기 때문에 아래의 사항들에 특별히 유의한다.

1. 채보에 있어 박(Beat)을 가급적 정확하게 기보하려고 노력하였으나, 구전만으로 내려오는 음악의 특성상 정확한 박으로 기보를 하기 어려운 면이 있다. 특히

초반에 느렸다가 뒤로 가면서 점차적으로 빨라지는 특성이 있는데다가 같은 것이 반복될 때엔 똑같이 반복되는 것이 아니라 어떤 곳에서 이전 부분과 다르게 된다는 점이 상당히 어려웠다. 따라서 기계적으로 100% 정확한 박에 의한 기보가 어려운 만큼, 기본적으로는 정확한 박으로 채보하지만, 음악적 상황(단락, 숨 쉬는 곳, 음악적 흐름 등의 종합적인 면)에 따라 판단하여 쉼표가 짧은데도 다른 곳과 동일하거나 비슷한 길이의 쉼표로 기보하는 등 다소 유동적으로 기보되었다.

2. 메트로놈 기호는 채보할 때 들었던 음반에서 연주한 빠르기에 근거하여 구형 메트로놈(버튼으로 조절할 수 있는 전자식이 아닌 추에 의해 움직이는 메트로놈)에 기재된 숫자 중에서 음반에서 연주된 빠르기에 가장 근접하거나 비슷한 숫자로 기보되었다. 그렇게 기재한 이유는 통상적으로 전자 메트로놈에서만 가능한 숫자(예를 들어 80~88사이의 숫자)나 소수점 숫자(예를 들어 60.5와 같은 기재)를 기보하지 않으며, 같은 60이라도 연주시의 빠르기에 관해서는 연주자마다 다소 차이가 있기 때문이다.

3. 리듬을 기보하는 데 있어서 가급적 표기의 정확성을 기하려고 최대한 노력하였으나, 구전으로 전해지는 음악을 채보할 때 리듬의 길이나 형태 등이 연주자마다 다소 상이한 것으로 판단되어 그 형태가 명확하지 않기 때문에, 그럴 경우 한 곡의 빠르기와 기준점 등에 근거하여 가장 근접한 음길이를 선택하여 기보하였다. 그리고 보통 국악계에서는 꾸밈음으로 처리하는 긴 음 앞의 빠른 잔음들을 여기에서는 박자 안에서, 그리고 제 음표들로 기보하였는데, 우리 음악에서의 그러한 음들을 서양의 꾸밈음과 동일한 방식으로 생각해서는 안 되기 때문이다. 서양의 꾸밈음이라는 것은 꾸미는 음이 중요하지 않고 본음이 중요한 장식적 요소인데 반해, 우리 음악에서는 비슷하다고 생각했던 음들이 사실 더 중요한 요소로 작용하기 때문이다(윤이상의 음악에서 그것을 확인할 수 있다). 따라서 대부분의 음들을 큰 음표로 박자에 포함하여 기보하였다. 다만 그것을 표현하는 방식은 악곡마다 약간의 차이가 있다. 예를 들어 영산재 시련의식 중 나비춤 반주곡의 한 부분(5

분 55초 부분)을 도표로 비교하면 다음과 같다.

1) 관행적 기보법에 의한 기보

2) 필자의 기보법에 의한 기보

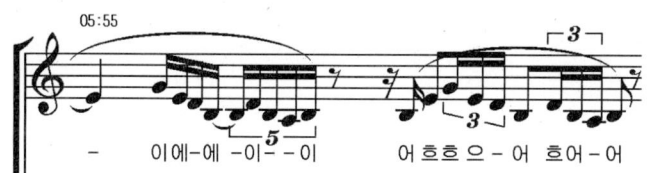

4. 음(pitch)의 기보에 있어서도 서양의 평균율과 다른 음을 서양의 오선보에 옮기는 것이 생각만큼 쉽지 않았다. 따라서 모든 음을 100% 정확한 음으로 기보할 수 없으므로, 가급적 가장 가까운 평균율 음을 선택하여 기보를 하였다. 또한 비슷한 음이라도 어떤 곡에서는 ♭(내림표)으로 기보하기도 하고 어떤 곳에서는 ♮(제자리표)로 표기하기도 하는데, 보통 국악계에서는 국악곡을 채보하거나 새로 작곡할 때 이미 ♭(플랫)을 붙이는 조성으로 쓰는 것이 관행화되어서 지금도 그렇게 쓰고 있지만, 본인은 이와는 다르게 조표를 없애고 각각의 음을 임시표로 처리하는 방향으로 채보하였다. 어떤 경우에는 ♭(내림표) 음처럼 부르다가 어떤 경우에는 ♯(올림표) 음처럼 부르는 등 약간의 유동적인 경우가 다소 있기 때문이다. 우리 음악은 서양의 평균율과 같은 절대적인 음으로 연주되는 것이 아니기 때문에, 본 악보를 보면서 음악을 들을 때 이러한 사항을 감안하였으면 한다.

5. 이 악보에서 나오는 이음줄은 소리가 숨을 쉬기 전까지 한 숨으로 부르는 단위를 말하며, 대체로 쉼표로 쉼을 구분하였지만, 좀 더 정확한 표현을 하기 위해 이

음줄을 표시하였다(아래 예시 참고).

※ 한국의 범패 시리즈 9, 영산재 대령의식, 아세아음반 발매 2008.7.10.
범패: 법현, 채보: 김황식, 악보감수: 법현, 교정: 채혜련

영산재
대령의식

Yeongsanjae Daeryeong

- Korean Buddhist Music by POP HYUN

01 거불(Geobul)
   소리-법현(Pophyun) 3.12"

02 대령소(Deayeongso)〈소성-독창〉
   소리-법현(Pophyun) 6.29"

03 지옥게(Jiokge)
   소리-법현(Pophyun) 1.03"

04 착어(Chak) 생본무생(Saengbonmuseang)
   소리-법현(Pophyun) 6.31"

05 진령게(Jinyeong)
   1·3구 선창-법현(Pophyun), 2·4구 후창-효성(Hyuosung) 2.25"

06 보소청진언(Bosochungjinon)
   소리-법현(Pophyun) 2.31"

07 고혼청(Gohonchung) & 향연청(Hyangyunchung) 가영(Gayeong)
   소리-법현(Pophyun) 1.50"

08 금일영가 괴수건청(Kumelyeunggagisugonchung)
   소리-법현(Pophyun) 5.03"

09 무용 나비춤 반주, 도량게(Dorangge) 작법(II) 긴소리

　홋소리, 징-법현(Pophyun), 북-효성(Hyuosung), 호적-심진(Simjin) 10.02"

10 법고춤(Bupgochum) 반주

　징-법현(Pophyun), 북-효성(Hyuosung), 호적-심진(Simjin) 4.28"

11 내림게바라춤(Nelimegbarachum) 반주

　징-법현(Pophyun), 북-효성(Hyuosung), 호적-심진(Simjin) 3.17"

12 명바라(Myongbara) 반주

　징-법현(Pophyun) 5.11"〈총 52:10〉

대령의식은 청혼한 영가에게 법을 알려주는 의식음악이다.

1. 거불(擧佛)

　"나무극락도사아미타불 나무좌우보처양대보살 나무접인망영인로왕보살"

2. 대령소(對靈疏)〈소성-독창〉

　"소청문소 배헌삼대 가친등중 석가여래 유교제자 봉행가지 병법사문 근소 수설대회소 개문 생사로암 빙불촉이가명 고해파심 장법선이가도 사생육도 미진칙 사의순환 팔난삼도 자정칙 여잠처견 상차생사 종고지금 미오심원 나능면의 비빙불력 난가초승 사바세계 (운운) 금칙 천풍숙정 백일명명 (야누침침) 전열향화 이신영청 나무일심봉청 대성인로왕보살마하살 우복이 일령불매 팔식분명 귀계도랭 영청공덕 진원숙채 응념돈소 정각보제 수심편증 근소 불기 년 월 일 병법섭문 근소"

3. 지옥게(地獄偈)〈대중창〉

　"철위산간옥초산 화탕뇌탕슴수도 팔만사천지옥문 장비주력금일개"

4. 착어(着語)〈독창〉

"거사바세계(남섬부주 동양대한민국 운운) 생본무생 멸본무멸 생멸본허 실상상주(영가) 환회득 무생멸저일구마(양구) 부앙은현현 시청명역역 약야회득 돈증법신 영멸기허 기혹미연 승불신력 장법가지 부차향단 수아묘공 증오무생"

5. 진령게(振鈴偈)〈1·3구 법주 요령 흔들며 선창, 2·4구 바라지 후창〉

"이차진령신소청 금일영가보문지 원승삼보력가지 금일금시내부회"

6. 보소청진언(普召請眞言)〈요령, 독창〉

나모 보보제리 가리다리 다타 아다야 (3번)

7. 고혼청(孤魂請)〈법주 독창〉

"일심봉청 인연취산 금고여연 허철광대 영통왕래 자재무애 금차(운운) 영가 제당사후 일재 지심봉위 상세선망부모 다생사장 원근친척 누대종친 제형숙백 자매질손 일절무진 제불자등 각열위열명 영가 승불위광 내임법회 수점향 등다미공"

향연청(香煙請) / 가영(歌詠)〈바라지 독창〉

"제영한진치신망 석화광음몽일장 삼혼 묘묘귀하처 칠백망망거원향

8. 금일영가 괴수건청 운운〈법주 독창〉

"금일 영가 괴수건청 괴강향단 방사제연 부흠사전 일주청향 정시영가 본래면목 수점명등 정시영가 착안시절 선헌조주차 후진 향적찬 어차물물 환착안마 저두 앙면무장처 운재청천 수재병 영가 괴수향공 이청법음 합장전심 참례금선"

*상기 영산재 진행 순서는 법현 저, 『불교음악 영산재연구』(운주사, 1997) 참조
*대령 절차는 끝나고 관욕의식(한국의 범패시리즈 10집)에 들어간다.

*불교 무용 반주음악

9. 무용 나비춤 반주, 도량게작법(II) (긴소리)

10. 법고춤 반주

11. 내림게바라춤 반주

12. 명바라 반주

영산재 대령의식

1. 거불

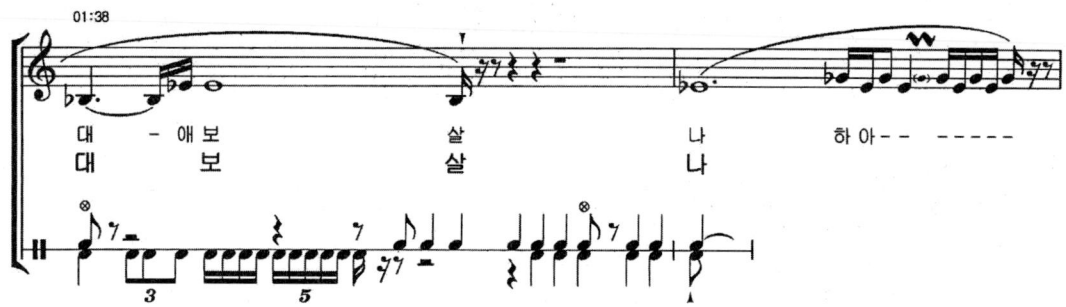

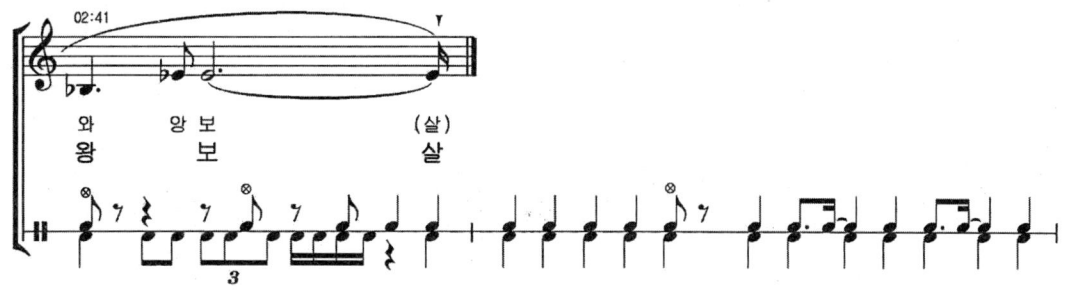

2. 대령소

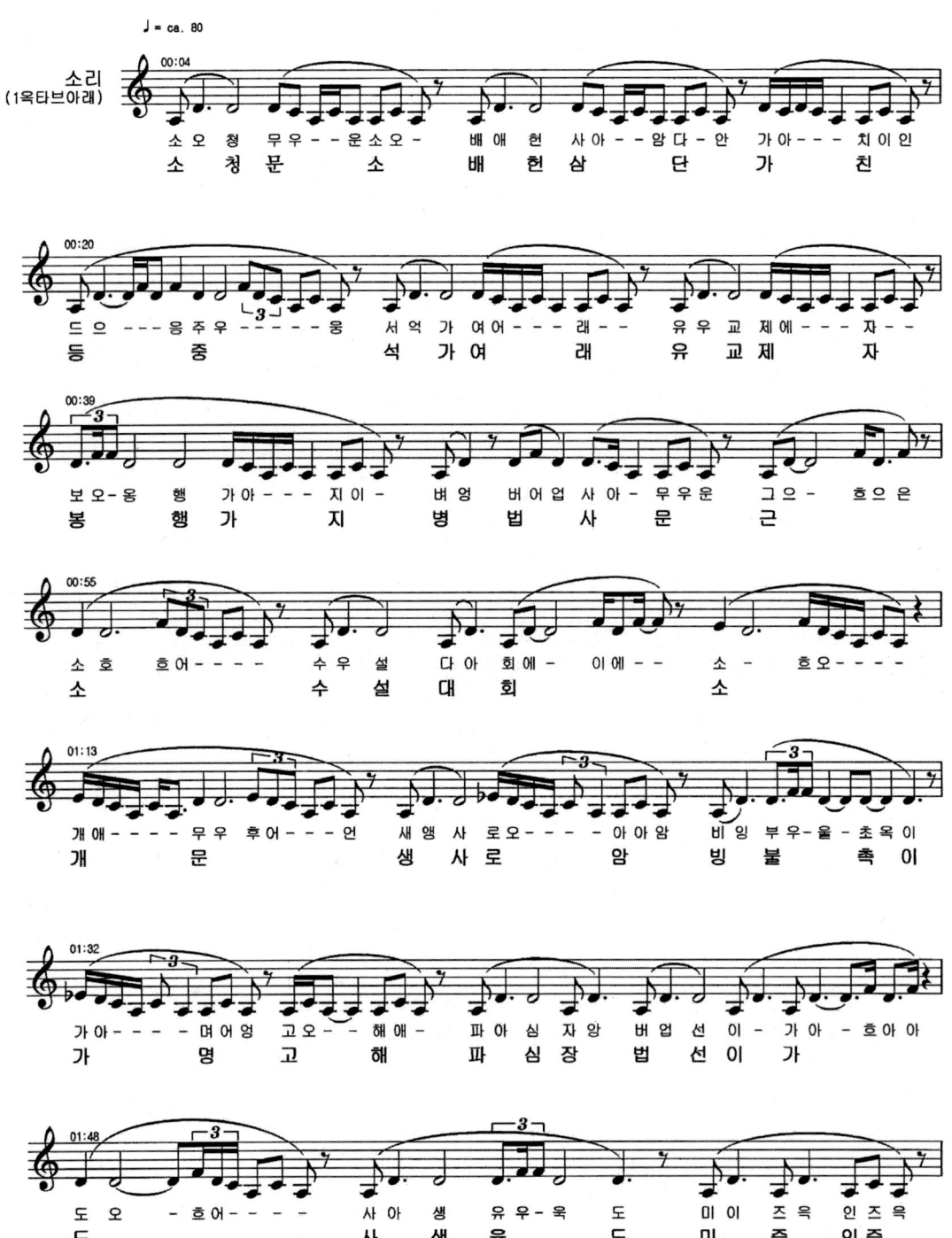

3. 지옥게

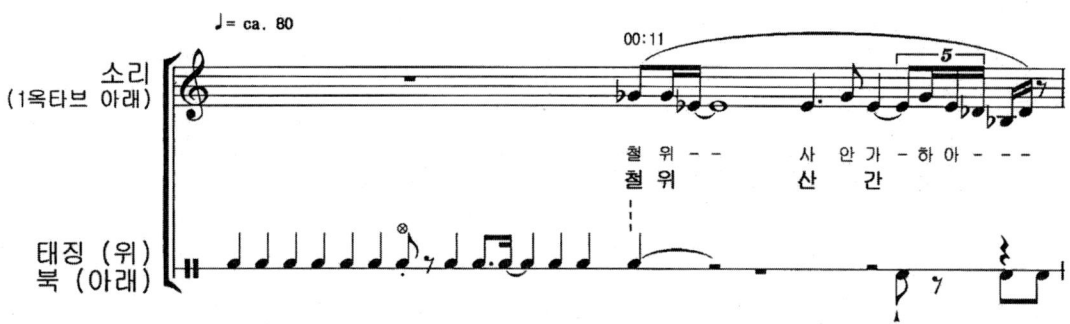

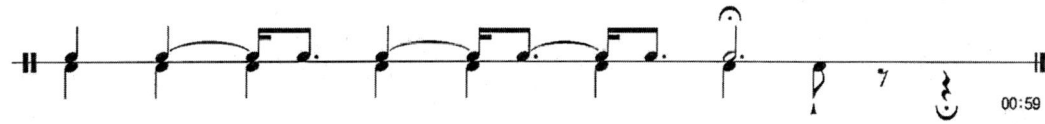

4. 착어 생본무생

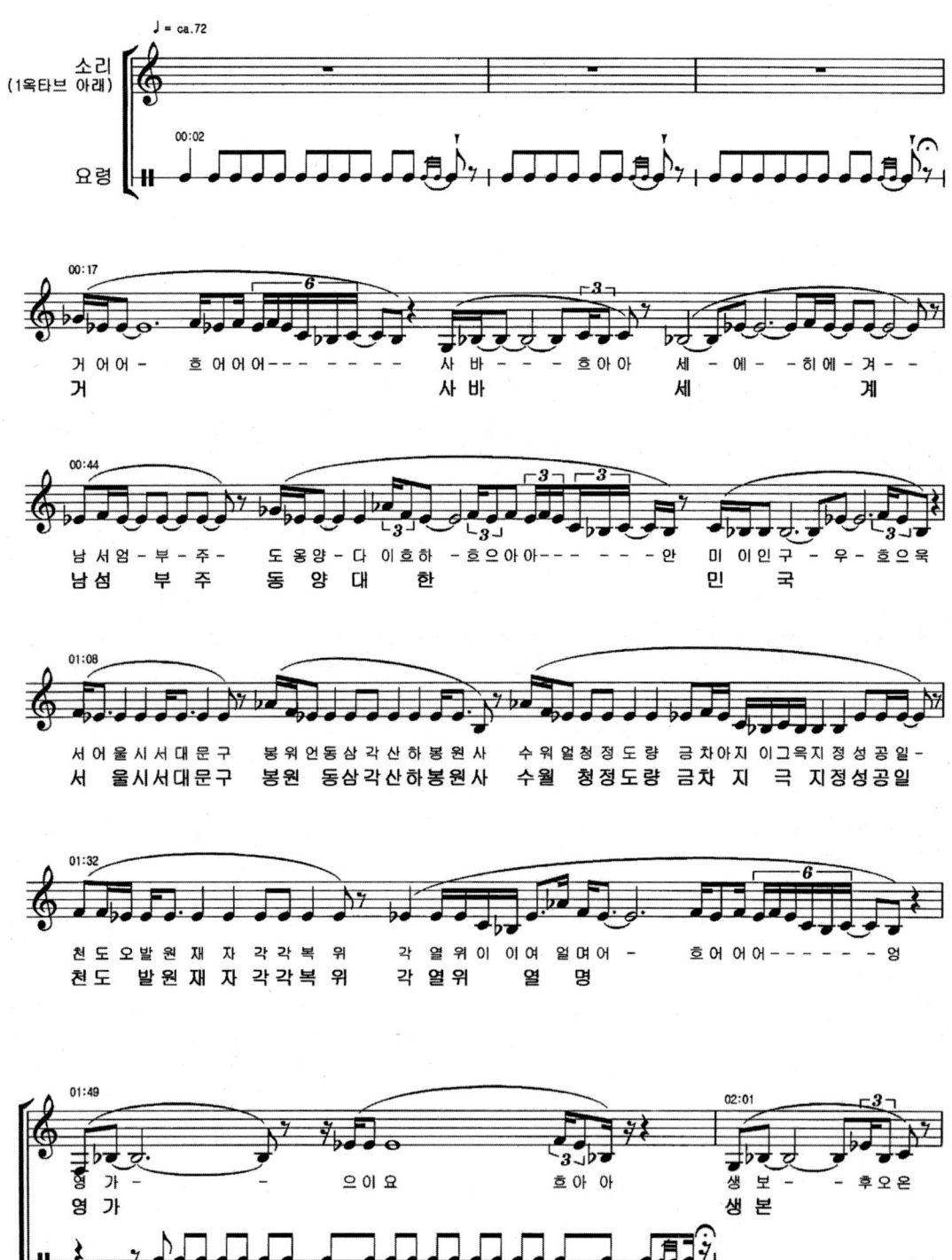

5. 진령게

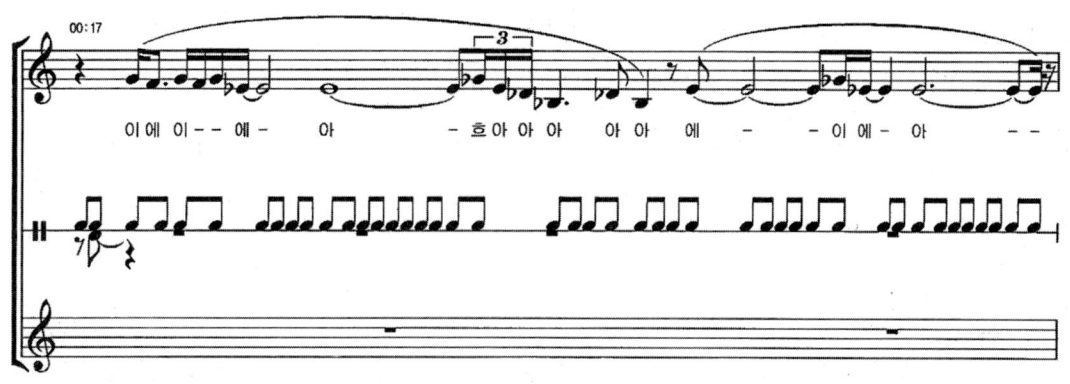

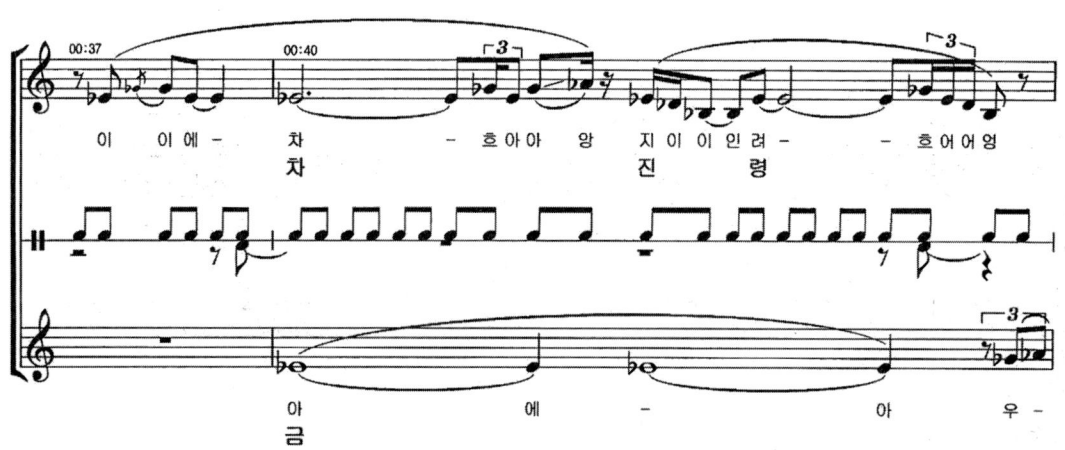

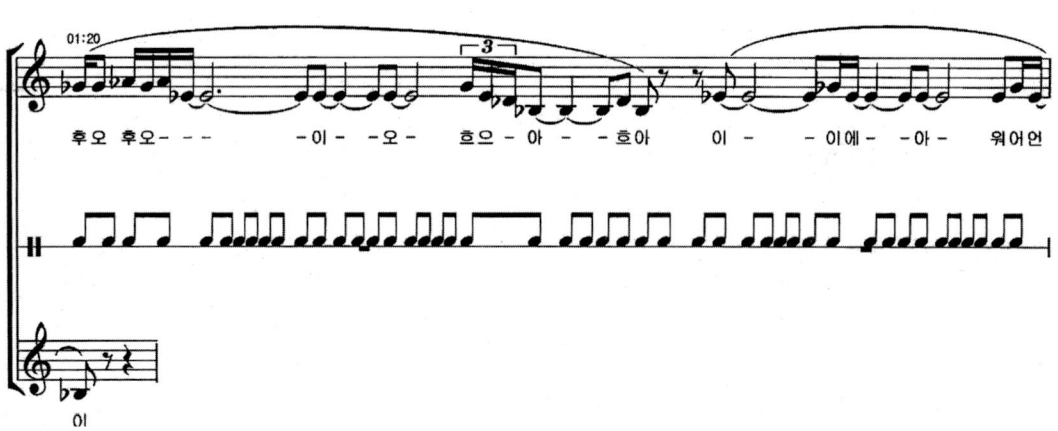

6. 보소청진언

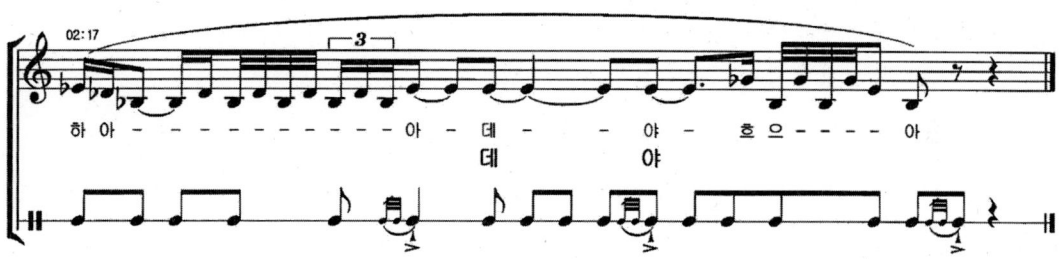

7. 고혼청 & 향연청 가영

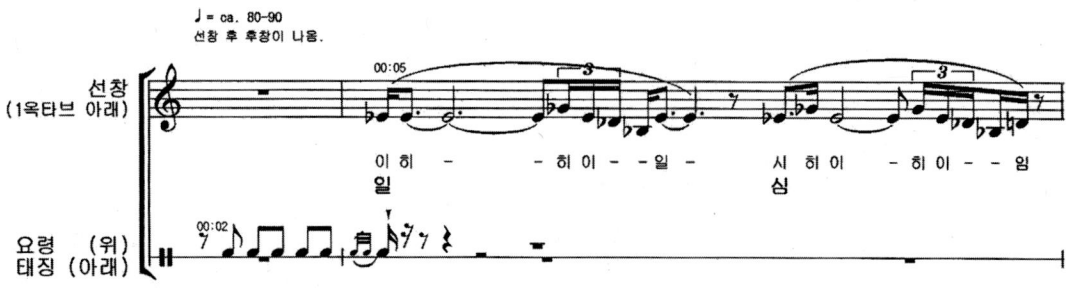

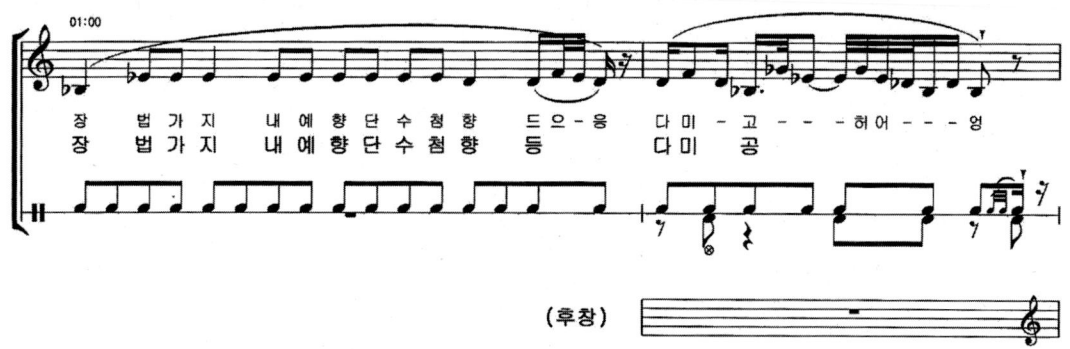

8. 금일영가 긔수건청

9. 무용 나비춤 반주 - 도량게 작법(II)

10. 법고춤 반주

11. 내림게바라춤 반주

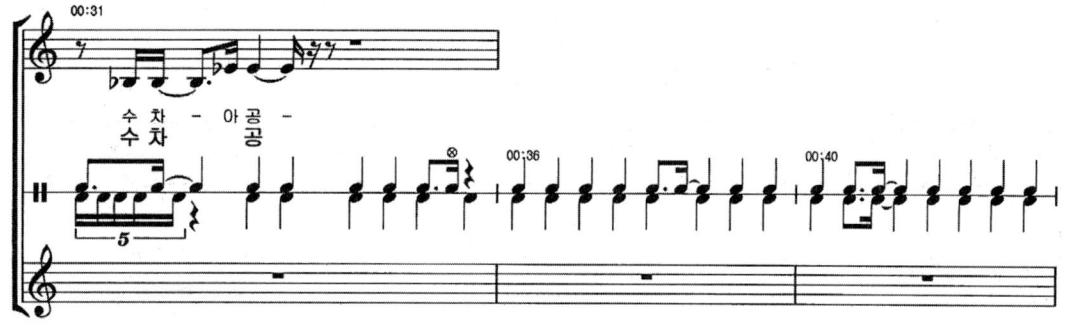

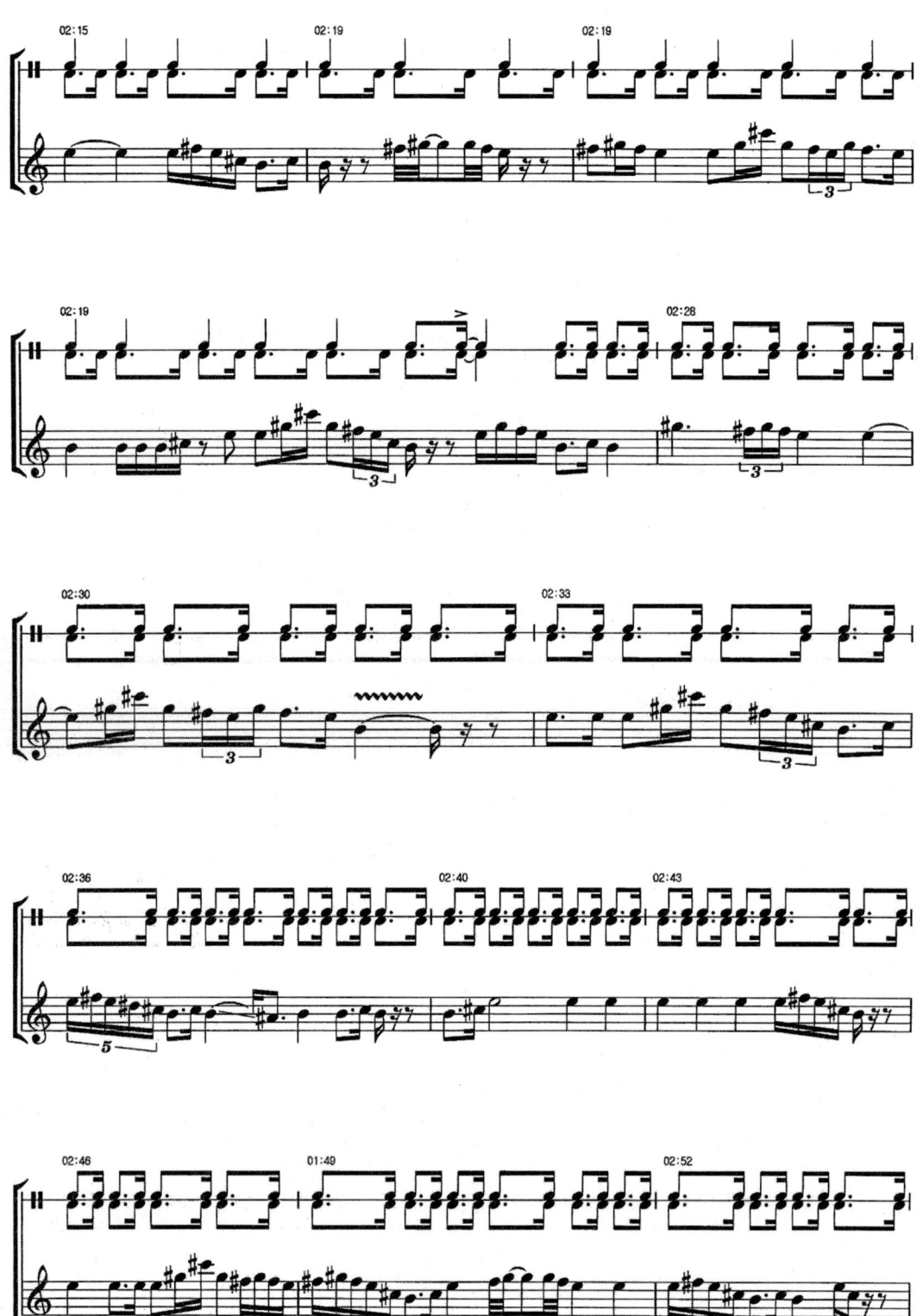

12. 명바라 반주

02:37
02:43
02:47
02:53
02:59
03:03
03:07
5
03:13
03:19
3
03:25
03:29
03:33
03:37
03:41
03:45
03:49
03:53
03:56
04:01
04:06
04:10
04:14
04:18
04:23
04:28
04:32
04:38
04:44
04:50
04:54
05:01
05:05
05:10

법현(김응기)

1964년 강원도에서 출생하였으며, 1974년 10월 서울 봉원사에서 대운 스님을 은사로 출가하였다. 1995년 동국대학교에서 불교사학 석사 학위를 취득한 이후 원광대학교에서 종교학 석사와 불교학 박사학위를 취득하였다. 현재 동국대학교 한국음악과 교수로 재직하면서, 중요무형문화재 제50호 영산재 이수자, 불교음악연구소장, 코리아나 예술단장, 한국불교 태고종 문화종무특보, 세계문화예술 콘텐츠 교류연맹 이사장, 문화재 전문위원 등을 역임하고 있다. 불교음악과 불교무용 관련 8권의 저서와 50편의 논문을 발표하였으며, 54개국에서 불교문화 공연을 하였고, 2003년에는 영산재학회를 설립하여 매년 국제학술세미나를 개최하고 있다.

또한 그는 인류의 가장 오래된 악보라고 할 수 있는 "각필악보"를 2000년 세계 최초로 발견 하였다. 현재 각필악보가 세계적으로 인정받을 수 있도록 마무리 연구 중이며, 2003년부터는 1,500년 전의 벽화(고구려시대)를 통한 고대 무용의 재현에 노력하고 있다. 아울러 불교의 의례와 미학적인 부분에 대한 연구와 한국의 불교음악과 불교무용의 유형과 전승에 심혈을 기울이고 있다.

더 나아가 2010년부터는 현대 인류학적으로 중요한, 종교간 벽을 뛰어 넘는 "통섭"을 위한 시도를 활발히 하고 있다. 그 첫 번째 시도로서 불교문화의 꽃이라고 하는 "영산재"를 2011년 7월 이스라엘 3개 도시에서 시연했으며, 텔아비브 대학에서 불교문화 세미나를 개최하고 유대교 최고 성직자와의 만남도 가졌다. 다음 행보로 로마 바티칸, 중국 도교 및 불교, 한국의 유교 등 각 종교의 지도자들과 협의하여 "세계 평화 서밋(World Peace Summit)"을 준비 중이다.

홈페이지는 http://www.pompae.or.kr, 이메일 주소는 phpompae@yahoo.co.kr 이다

Pophyun(Kim Eung-ki)

Dr. Prof. Kim Eung-ki (Ven. Pophyun) was born in 1964 at Gangwon region, Republic of Korea. He is entered the Buddhist priesthood at Bongwon temple under Ven. Daewoon in 1974. In the year of 1995, he took a Master's degree in Buddhist Historical science at Dongguk University and another M.A in Science of Religion. And He holds a Ph.D in Buddhist philosophy at Wongwang University. At present, he hold various posts in succession which roles are a professor of Korean Traditional Music department at Dongguk University, the No. 50th Human cultural Asset of complete of Buddhist Chanting and Dance, UNESCO World Heritage Yeongsanjae Planning Republic Relations Executive, a Special Assistant of Korean Taego Buddhist Order Cultural Art Department at the Research Institute of Buddhist Music, a Representative of the World Culture and Art Contents Exchange Federation and a special secretary in the culture and art department of Korea Buddhism Taego Buddhist Order Affairs.

He has written 8 books on Buddhist Music and Dance and present &published 50 theses. He has been performing the Buddhist cultural performances in more than 54 countries worldwide. Furthermore, he established the academic society of Yeongsanjae in 2003 and holds a scientific seminar every year.

Ven. Pophyun is the first man who discovered the 'Gakpil Score' (secret notation of ancient Korean score) which this score is believed to be the oldest musical score ever in human history. Also, from the years of 2003, he devoted himself to study of the Koguryo era's (37 B.C.- A.D. 668) paintings to reproduce the dances from the old Buddhist paintings, especially he goes deep into the study of the aesthetic part of Buddhist dance and Buddhist ritual parts.

From 2010, he has the scheme for "Consilience" among the religions as an anthropological perspective. To move marked in the first step for consilience, he had invitation performances of Yeongsanjae in Israel, a meeting with Judaism Rabbi ISRAEL LAU, and conducted seminar for the subject of Buddhist Culture at Tel Aviv University in July 2011. Moreover for the next step, he is now pushing forward with the plan for World top religious leaders meeting "World Peace Summit" with the leaders of Chinese Taoism, Buddhism, Confucianism, and other leaders of religion. The website of Ven. Pobhyun is http://www.pompae.or.kr and his email address is phpompae@yahoo.co.kr.

불교의식음악 악보 Ⅱ 【대령의식】
Score of Buddhist Ritual Music II

초판 1쇄 발행 2012년 11월 12일 | 초판 2쇄 발행 2019년 3월 10일
지은이 법현 | 펴낸이 김시열
펴낸곳 도서출판 운주사

　　　(02832) 서울시 성북구 동소문로 67-1 성심빌딩 3층
　　　전화 (02) 926-8361 | 팩스 0505-115-8361
ISBN 978-89-5746-330-7 94220　값 15,000원
ISBN 978-89-5746-328-4(세트)
http://cafe.daum.net/unjubooks (다음카페: 도서출판 운주사)